Charles-Joseph Prince De Ligne

Lettres à la Marquise de Coigny

Table des matières

Lettre première 3

Lettre II 6

Lettre III 8

Lettre IV 12

Lettre V...17

Lettre VI 26

Lettre VII 29

Lettre VIII...31

Lettre IX 34

Chronologie 36

Quo res cumque cadunt, semper stat Linea recta

Lettre première

De Kiovie.

Savez-vous pourquoi je vous regrette, madame la marquise ?
C'est que vous n'êtes pas une femme comme une autre et que je
ne suis pas un homme comme un autre : car je vous apprécie
mieux que ceux qui vous entourent. Et savez-vous pourquoi vous
n'êtes pas une femme comme une autre ? c'est que vous êtes
bonne, quoique bien des gens ne le croient pas. C'est que vous
êtes simple, quoique vous fassiez toujours de l'esprit, ou plutôt
que vous le trouviez tout fait. C'est votre langue : on ne peut pas
dire que l'esprit est dans vous, mais vous êtes dans l'esprit. Vous
ne courez pas après l'épigramme, c'est elle qui vient vous
chercher. Vous serez dans cinquante ans une Mme Du Deffant
pour le piquant, une Mme Geoffrin pour la raison, et une
maréchale De Mirepoix pour le goût. à vingt ans vous possédez le
résultat des trois siècles qui composent l'âge de ces dames. Vous
avez la grâce des élégantes, sans en avoir pris l'état. Vous êtes
supérieure, sans alarmer personne que les sots. Il y a déjà autant
de grands mots de vous à citer que de bons mots. Ne point
prendre d'amans, parce que ce seroit abdiquer, est une des idées
les plus profondes et les plus neuves. Vous êtes plus embarrassée
qu'embarrassante ; et, quand l'embarras vous saisit, un certain
petit murmure rapide et abondant l'annonce le plus drôlement du
monde : comme ceux qui ont peur des voleurs chantent dans la
rue. Vous êtes la plus aimable femme et le plus joli garçon, et
enfin ce que je regrette le plus. Ah, bon dieu ! Quel train ! Quel
tapage ! Que de diamans, d'or, de plaques et de cordons, sans
compter le saint-esprit ! Que de chaînes, de rubans, de turbans et
de bonnets rouges, fourrés ou pointus ! Ceux-ci appartiennent à
des petits magots qui remuent la tête comme ceux de votre
cheminée, et qui ont le nez et les yeux de la Chine. Ils s'appellent
des lesghis, et sont venus en députation, ainsi que plusieurs
autres sujets, des frontières de la grande muraille de cet empire
chinois et de celui de Perse et de Byzance. C'est un peu plus

imposant que quelques députés du parlement ou des états d'une petite ville, qui viennent de vingt lieues, par le coche, à Versailles, pour faire une sotte représentation. Louis XIV auroit été jaloux de sa sœur Catherine II, ou il l'auroit épousée pour avoir tout au moins un beau lever. Les fils des rois du Caucase, d'Héraclius, par exemple, qui sont ici, lui auroient fait plus de plaisir que cinq ou six vieux chevaliers de saint-Louis. Vingt archevêques, quoiqu'un peu malpropres, avec des barbes presque jusqu'aux genoux, sont plus pittoresques que le petit collet d'un aumônier du roi. L'escorte d'ouhlans d'un grand seigneur polonois, qui va voir son voisin à une demi-lieue de chez lui, a meilleur air que les hoquetons à cheval qui précèdent le triste carrosse et les six rosses d'un homme à rabat et à grande perruque ; et les sabres étincelans, avec des poignées en pierreries, sont plus imposans que les gaules blanches des grands officiers du roi d'Angleterre. L'impératrice m'a reçu comme si, au lieu de six ans, je ne l'avois quittée qu'il y a six jours. Elle m'a rappelé mille choses dont les souverains seuls peuvent se ressouvenir, car ils ont tous de la mémoire. Il y en a ici pour tout le monde, pour tous les genres : grande et petite politique ; grandes et petites intrigues ; grande et petite Pologne. Quelques fameux de ce pays-là, qui se trompent, que l'on trompe ou qui en trompent d'autres, tous fort aimables, moins cependant que leurs femmes, veulent être sûrs que l'impératrice ne sait pas qu'ils l'ont insultée dans les aboiemens de la dernière diète. Ils cherchent un regard du prince Potemkin, difficile à rencontrer, car le prince tient du borgne et du louche. Les femmes sollicitent le ruban de Sainte-Catherine, pour l'arranger avec coquetterie et faire enrager leurs amies et leurs parentes. On désire et on craint la guerre. On se plaint des ministres d'Angleterre et de Prusse, qui y excitent les Turcs ; et on les agace continuellement. Moi, qui n'ai rien à risquer, et peut-être quelque gloire à acquérir, je souhaite la guerre de tout mon cœur, et puis je me dis : « puis-je souhaiter ce qui expose à tant de malheurs ? » alors je ne le désire plus ; et puis un reste de fermentation dans le sang m'y ramène ; un reste de raison s'y oppose. Ah ! Mon dieu, ce que c'est que de nous ! Il faudra peut-être vous écrire : Mais à revoir Paris je ne dois plus prétendre. Dans la nuit du tombeau je suis prêt à descendre. Cette idée m'afflige, car je veux vous revoir. Vous me tenez bien plus à cœur que tout Paris ensemble. Ne voilà t il pas qu'on vient me chercher pour un feu d'artifice, qui coûte, m'a-t-on dit, 40000 roubles ? Ceux de votre conversation ne sont pas si chers, et ne laissent pas après eux la tristesse et l'obscurité qui suit toujours les autres : j'aime mieux vos girandoles et votre genre de décoration.

Lettre II

De ma galère.

Voilà le sort, madame la marquise : je vous ai laissée au milieu d'une douzaine d'adorateurs, qui ne vous entendent pas ; et moi, qui sais vous comprendre, je ne vous entendrai pas de longtemps. Me voici à douze cents lieues de vos charmes, mais toujours près de votre esprit, qui vient sans cesse se retracer à ma mémoire. Je vous vois envoyer un de ces messieurs pour faire mettre vos chevaux, vous impatienter du compte qu'il vous rend des siens ; accabler un autre d'épigrammes et de plaisanteries ; permettre à un quatrième de vous suivre au spectacle ; encourager un cinquième dans son amour malheureux ; ne point désespérer le fougueux qui prend sa violence pour de la passion, et qui espère vous séduire en vous disant qu'il fait sauter des fossés à son régiment ; je vous vois enfin faire des frais pour un ou deux qui vous comprennent, mettre votre esprit à fonds perdu avec les autres : mais je ne vois pas votre cœur en jeu dans tout cela. Deux ou trois menteurs de profession vous font des contes, dont vous n'êtes pas la dupe. Deux ou trois faiseurs se flattent de vous faire prendre leur parti dans les affaires qui commencent à s'embrouiller. Vous ne prenez que le parti des gens qui vous amusent ; et vous adoptez pour opinions politiques celles qui vous inspirent les mots les plus piquans et les plus spirituels. Vous vous moquez du tiers et du quart : car il me semble que j'ai déjà entendu prononcer ce mot souligné à quelques-uns de vos ennuyeux notables. Les grands hommes de l'Amérique vous paroissent petits en Europe ; je ne les trouve pas non plus comme le vin de Bordeaux, qui n'a pour être bon qu'à passer la mer. Deux de vos adorateurs ont beau faire les bêtes pour vous convaincre de la passion que vous leur inspirez, un petit bout d'oreille les décèle encore comme plus aimables qu'aimans. Si pour faire les aimables et les bons ils ne donnent pas bientôt à gauche, rappelez-moi à leur souvenir. Si celui à côté de qui je suis logé s'égare jamais, ce sera par de bons motifs ; et lui seul méritera de l'indulgence. Ce cher Ségur n'est séparé de moi dans cette galerie que par une cloison. Comme nous parlons de vous ! Comme je lui dis du mal de quelques personnes dont il pense du bien, et à qui il est si supérieur ! Gare la philosophie ! Mais, encore une fois, il sera le seul qui n'aura que de louables intentions. Grâce pour vous, pleine de grâces, si l'envie de vous amuser fait croire aux sots que vous n'aimez pas plus Henri IV qu'un ligueur, et Gaston De Foix qu'un cordonnier de Paris ; et point de grâce pour ceux qui vous jugeront mal. Je crois que cette lettre partira de Krementczuck. Le nom n'est pas lyrique ; mais accoutumez-vous à tous ceux que Lulli et même Rameau n'auroient pu que psalmodier. Nous ne traversons pas un pays de bergerie ni de vendangeuses ; mais cela vous est égal : vous n'êtes pas champêtre. De plus grands objets nous occupent : par exemple, de mon superbe lit je vois Pérévéosloff, où le pauvre Charles XII a passé le Borysthène pour aller se cacher à Bender. J'attends la fin de notre navigation pour vous en rendre compte ; je ne m'étois jamais embarqué que dans quelque petite aventure, et je menois ma barque tout comme un autre : jusqu'à ce que j'entre dans celle de Caron, je ne cesserai point de vous aimer et de vous le dire.

Lettre III

De Cherson.

La flotte de Cléopâtre est partie de Kiovie dès qu'une canonnade générale nous a appris la débâcle du Borysthène. Si on nous avoit demandé quand on nous a vus monter sur nos grands ou petits vaisseaux, au nombre de quatre-vingts, avec trois mille hommes d'équipage : que diable alloient-ils faire dans ces galères ? nous aurions pu répondre : « nous amuser ; et voguent les galères ». Car jamais il n'y a eu une navigation aussi brillante et aussi agréable. Nos chambres étoient meublées de taffetas chiné, avec des divans ; et lorsque chacun de ceux qui, comme moi, accompagnent l'impératrice, sortoit ou rentroit dans sa galère, douze musiciens, au moins, que nous avons sur chacune, célébroient notre sortie et notre rentrée ; il y avoit quelquefois un peu de danger pour y revenir le soir, en quittant, après souper, la galère de l'impératrice, puisqu'il falloit remonter le Borysthène, et souvent contre le vent, dans une petite chaloupe. Même, pour qu'il y eût de tout, nous avons essuyé une tempête où deux ou trois galères ont échoué sur des bancs de sable. Notre Cléopâtre ne voyage pas pour séduire des Marc-Antoine, des Octave et des César. Notre empereur est déjà séduit par l'admiration. Cléopâtre n'avale point des perles, mais en donne beaucoup ; elle ne ressemble à l'ancienne que parce qu'elle aime les belles navigations, la magnificence et l'étude. Elle a certainement donné plus de deux cent mille volumes aux bibliothèques de son empire. C'étoit le nombre si vanté de celle de Pergame, avec laquelle la reine d'Egypte rétablit celle d'Alexandrie. Après les fêtes de Krementczuck, données par le prince Potemkin, qui dans un jardin anglois vraiment magique avoit fait transplanter des arbres étrangers aussi gros que lui, nous sommes débarqués aux cataractes de Keydac, ancienne capitale des zaporogues, brigands aquatiques. l'empereur Joseph est venu à notre rencontre, au milieu de tous les prestiges de féerie, qui se sont renouvelés à notre arrivée. Ce qui l'a le plus étonné et intéressé, car il est grand musicien, c'est une cinquantaine d'ut, de ré, de mi, un concert enfin dans lequel plusieurs musiciens jouent la même note ; et ce concert est une musique céleste, car elle est trop extraordinaire pour être connue sur la terre. J'ai oublié de vous dire que le roi de Pologne nous a attendus à Kaniève sur le Borysthène ; il y a dépensé trois mois et trois millions pour voir l'impératrice pendant trois heures. J'allai dans une petite pirogue zaporavienne l'avertir de notre arrivée. Une heure après, les grands seigneurs de l'empire vinrent le chercher dans une brillante chaloupe, et en y mettant le pied il leur dit, avec le charme inexprimable de sa belle figure et de son joli son de voix : « Messieurs, le roi de Pologne m'a chargé de vous recommander le comte Poniatowsky ». le dîner fut très gai ; on but à la santé du roi à une triple décharge de toute l'artillerie de notre flotte. En sortant de table le roi chercha son chapeau, qu'il ne put pas trouver. L'impératrice, plus adroite, vit où il étoit, et le lui donna. « deux fois couvrir ma tête, dit le roi galamment, en faisant allusion à sa couronne, ah ! Madame ! c'est trop me combler de bienfaits et de reconnoissance. » Notre escadre s'étoit formée devant les fenêtres du roi, qui s'en retourna pour nous donner à souper. Une représentation du Vésuve, pendant toute la nuit que nous passâmes à l'ancre, éclairoit les monts, les plaines et les eaux, mieux que le plus beau soleil en plein jour, et doroit ou enflammoit la nature. Nous ne savons plus ce que c'est que la nuit. L'impératrice n'a jamais si bien connu les charmes de la société ; et, comme nous sommes un ou deux qui ne jouons jamais, elle nous sacrifie la petite partie qu'elle faisoit autrefois par contenance. L'autre jour le grand écuyer Narischkin, le meilleur et le plus enfant des hommes, lance au milieu de nous une toupie dont la tête étoit plus grosse encore que la sienne. Après un bourdonnement et des sauts qui nous amusèrent beaucoup, elle éclate en trois ou quatre morceaux, avec un sifflement affreux, passe entre sa majesté impériale et moi, blesse une couple de nos voisins et frappe à la tête le prince De Nassau l'invulnérable, qui a été se faire saigner deux fois. L'impératrice nous dit hier à table : « il est bien singulier que le vous, qui est au pluriel, se soit établi ; pourquoi a-t-on banni le tu ? – Il ne l'est pas, lui dis-je, madame, et peut encore servir aux grands personnages, puisque J-B Rousseau dit à Dieu : Seigneur, dans ta gloire adorable, et que Dieu est tutoyé dans toutes nos prières, comme : *Nunc dimittis servum tuum, domine*. – Eh bien, pourquoi donc, Messieurs, me traitez-vous avec plus de cérémonie ? Voyons, je vous le rendrai. Veux-tu bien me donner de cela ? dit-elle au grand écuyer. – Oui, répondit-il, si tu veux me servir autre chose. » Il part de là pour un déluge de tutoiemens, à bras raccourcis, plus drôles les uns que les autres. Je mêlois les miens de Majesté, et Ta Majesté me paroissoit déjà assez. D'autres ne savoient ce qu'ils devoient dire, et la Majesté tutoyante et tutoyée avoit, malgré cela, toujours l'air de l'autocratrice de toutes les Russies, et presque de toutes les parties du monde. L'impératrice nous a permis, au prince De Nassau et à moi, comme amateurs et peut-être connoisseurs, d'aller reconnoître Oczakof et dix vaisseaux turcs qu'on est venu placer très malhonnêtement au bout du Borysthène, comme pour arrêter notre navigation, en cas que leurs majestés impériales voulussent aller par eau jusqu'à Kinburn. Quand l'impératrice eut vu la position de cette flotte sur la petite carte qu'on lui présenta, Nassau lui offrit ses services pour l'en débarrasser. l'impératrice donna une chiquenaude au papier et se mit à sourire. Je regarde cela comme un joli avant-coureur d'une jolie guerre que nous aurons bientôt, j'espère. Je crus bien l'autre jour que c'étoit pour cela qu'on faisoit entrer dans le cabinet de l'impératrice, où l'empereur venoit d'arriver, un officier d'artillerie, un officier du génie et le prince Potemkin. Vous savez, dit l'impératrice, que votre France, sans savoir pourquoi, protège toujours les musulmans. Ségur pâlit, Nassau rougit, Fitzherbert bâilla, Cobenzel s'agita, et je ris. Eh bien, point du tout ; il n'avoit été question que de bâtir un magasin dans une des sept anses du fameux port de Sébastopol. Quand je parle de mes espérances à ce sujet à Ségur, il me dit : « Nous perdrions les échelles du levant » ; et je lui réponds : « Il faut tirer l'échelle après la sottise ministérielle que vous venez de faire par votre confession générale de pauvreté à l'assemblée ridicule des notables. » – Comment trouvez-vous que je réussisse auprès de l'impératrice ? me dit un jour l'empereur. – A merveille, Sire, lui dis-je. – Ma foi, il est difficile, ajouta-t-il, de se bien tenir avec vous autres. Par reconnoissance, par obligeance, par goût pour l'impératrice, et par amitié pour moi, mon cher ambassadeur prend quelquefois son encensoir. Vous y jetez des grains aussi très souvent, dieu merci, pour nous tous. M. De Ségur fait des complimens bien spirituels et bien françois ; et votre anglois lui-même décoche de temps en temps, comme malgré lui, un petit trait de flatterie dont la tournure épigrammatique ne le rend que plus piquant. On a lancé à l'eau trois vaisseaux, et je me suis amusé à me faire lancer aussi. Vous sentez bien que le bâtiment que je montois étoit un vaisseau de ligne. Les gazes, les blondes, les falbalas, les guirlandes, les perles et les fleurs qui ornoient les baldaquins établis sur le rivage pour les deux majestés avoient l'air de sortir des magasins de modes de la rue saint-Honoré. C'étoit l'ouvrage des soldats russes, dont on fait des marchandes de modes, des matelots, des popes, des musiciens ou des chirurgiens ; enfin tout ce qu'on veut, par un coup de baguette, qui n'est pourtant pas celui d'une fée charmante comme vous. Je m'en vais penser à vos enchantemens dans le pays des enchanteurs ; nous partons dans l'instant pour la Tauride, où, si Iphigénie avoit été aussi aimable que vous, elle n'eût sûrement pas été sacrifiée, au moins de cette manière-là.

Lettre IV

De Barczisarai, ce 1er juin 1787.

Je comptais élever mon âme, en arrivant dans la Tauride, par les grandes choses vraies et fausses qui s'y sont passées. Mon esprit étoit prêt à se tourner vers l'héroïque avec Mithridate, le fabuleux avec Iphigénie, le militaire avec les Romains, les beaux-arts avec les Grecs, le brigandage avec les Tartares, et le mercantile avec les Génois. Tous ces gens-là me sont assez familiers ; mais en voici bien d'un autre, vraiment : ils ont tous disparu pour les mille et une nuits. Je suis dans le harem du dernier khan de Crimée, qui a eu bien tort de lever son camp et d'abandonner, il y a quatre ans, aux Russes le plus beau pays du monde. Le sort m'a destiné la chambre de la plus jolie de ses sultanes, et à Ségur celle du premier de ses eunuques noirs. Ma maudite imagination ne veut pas se rider ; elle est fraîche, rose et ronde comme les joues de madame la marquise. Il y a dans notre palais, qui tient du maure, de l'arabe, du chinois et du turc, des fontaines, des petits jardins, des peintures, de la dorure et des inscriptions partout ; entre autres, dans la très drôle et très superbe salle d'audience on lit en lettres d'or, en turc, autour de la corniche : en dépit des jaloux, on apprend au monde entier qu'il n'y a rien à Ispahan, à Damas, à Stamboul, d'aussi riche qu'ici. Depuis Cherson nous avons trouvé des campemens merveilleux par leur magnificence asiatique au milieu des déserts : je ne sais plus où je suis, ni dans quel siècle je suis. Quand je vois tout d'un coup s'élever des montagnes qui se promènent, je crois que c'est un rêve : ce sont des haras de dromadaires qui, lorsqu'ils se mettent sur leurs grandes jambes, ressemblent, à une certaine distance, à des montagnes en mouvement. « N'est-ce pas là, me dis-je, ce qui a fourni l'écurie des trois rois pour leur fameux voyage de Bethléem ? – Je rêve encore », me dis-je, quand je rencontre de jeunes princes du Caucase, presque couverts d'argent, sur des chevaux d'une blancheur éblouissante. Quand je les vois armés d'arcs et de flèches, je me crois au temps du vieux et du jeune Cyrus. Leur carquois est superbe ; mais les traits du vôtre sont plus piquans et plus gais. Quand je rencontre des détachemens de Circassiens beaux comme le jour, dont la taille, enfermée dans des corps, est plus serrée que celle de Mme De L. ; quand je trouve ici des mourzas mieux mis que la duchesse De Choiseul aux bals de la reine, des officiers de cosaques ayant plus de goût que Mlle Bertin pour se draper, et des meubles et vêtemens dont les couleurs sont aussi harmonieuses que celles de Mme Lebrun dans ses tableaux, je ne reviens pas de mon étonnement. De Stare Krim, dont on a fait un palais pour y coucher une seule nuit, je découvre ce qu'il y a de plus intéressant dans deux parties du monde, et presque jusqu'à la mer Caspienne : je crois que c'est une parodie de la tentation de Satan, qui ne montra jamais rien de si beau à notre-seigneur. Je vois du même point, en sortant de ma chambre, la mer d'Azoph, la mer Noire, la mer de Zabache et le Caucase. Le coupable qui y fut mangé (éternellement, je crois) par un vautour n'avoit pas dérobé autant de feu que vous en avez dans les yeux et l'imagination ; du moins votre furet subtil et fou, l'abbé d'Espagnac, le diroit ainsi. Je crois encore rêver quand dans le fond d'une voiture à six places, qui est un vrai char de triomphe orné de chiffres en pierres brillantes, je me trouve assis entre deux personnes, sur les épaules desquelles la chaleur m'assoupit souvent, et que j'entends dire en me réveillant, à l'un de mes camarades de voyage : « J'ai trente millions de sujets, à ce qu'on dit, en ne comptant que les mâles. – Et moi, vingt-deux, répond l'autre, en comptant tout. – Il me faut, ajoute l'une, au moins une armée de six cent mille hommes depuis Kamtschatka jusqu'à Riga. – Avec la moitié, répond l'autre, j'ai juste ce qu'il me faut. » Ségur vous mandera combien ce camarade impérial lui a plu. Ségur a plu, en revanche, beaucoup à l'empereur : ce monarque enchante tous ceux qu'il voit. Dégagé des soins de son empire, il fait le bonheur de ses amis par sa société. Il n'a eu qu'un petit moment d'humeur, l'autre jour, lorsqu'il a reçu des nouvelles de la révolte des Pays-Bas. Tous ceux qui avoient des terres en Crimée, comme tous les mourzas, et ceux à qui l'impératrice en a donné, comme moi, par exemple, lui ont prêté serment de fidélité. L'empereur est venu à moi, et, me prenant par le ruban de ma toison, il m'a dit : « Vous êtes le premier de l'ordre qui ait prêté serment avec des seigneurs à barbe longue. – Il vaut mieux, lui dis-je, pour votre majesté et pour moi, que je sois avec les gentilshommes tartares qu'avec les gentilshommes flamands ». Nous passons en revue, en voiture, tous les états et les grands personnages. Dieu sait comme nous les accommodons. « Plutôt que de signer la séparation de treize provinces, comme mon frère George, dit Catherine II avec douceur, je me serois tiré un coup de pistolet. – Et plutôt que de donner ma démission, comme mon frère et beau-frère, en convoquant et rassemblant la nation pour parler d'abus, je ne sais pas ce que j'aurois fait », dit Joseph II. Ils étoient aussi du même avis sur le roi de Suède, qu'ils n'aimoient pas, et que l'empereur, disoit-il, avoit pris en guignon en Italie, à cause d'une robe de chambre bleu et argent avec une plaque de diamans. L'un et l'autre convinrent qu'il a de l'énergie, du talent et de l'esprit. « Oui, sans doute, leur dis-je en le défendant, puisque les bontés qu'il m'a témoignées, et un grand caractère que je lui ai vu déployer, m'attachent à lui : votre majesté devroit bien empêcher un libelle affreux, dans lequel on ose traiter comme un don quichotte un prince bon, aimable et doué de génie ». Leurs majestés impériales se tâtoient quelquefois sur les pauvres diables de Turcs. On jetoit quelques propos en se regardant. Comme amateur de la belle antiquité et d'un peu de nouveautés, je parlois de rétablir les Grecs ; Catherine, de faire renaître les Lycurgue et les Solon. Moi, je parlois d'Alcibiade ; mais Joseph II, qui étoit plus pour l'avenir que pour le passé, et pour le positif que pour la chimère, disoit : « Que diable faire de Constantinople ? » On prenoit comme cela bien des îles et des provinces, sans faire semblant de rien ; et je disois en moi-même : « Vos majestés ne prendront que des misères et la misère. – Nous le traitons trop bien, dit l'empereur en parlant de moi ; il n'a pas assez de respect pour nous. Savez-vous, madame, qu'il a été amoureux d'une maîtresse de mon père, et qu'il m'a empêché de réussir, en entrant dans le monde, auprès d'une marquise jolie comme un ange, et qui a été notre première passion à tous les deux ? » Point de réserve entre ces deux grands souverains. Ils se contoient les choses les plus intéressantes. n'a-t-on jamais voulu attenter à votre vie ? Moi, j'ai été menacé ; moi, j'ai reçu des lettres anonymes. Voici une histoire de confesseur ; et des détails charmans et ignorés de tout le monde, etc. L'impératrice nous avoit dit un jour, dans sa galerie : « Comment fait-on des vers ? écrivez-moi cela, monsieur le comte De Ségur ». Il en écrivit les règles, avec des exemples charmans ; et la voilà qui travaille. Elle en fit six, avec tant de fautes que cela nous fit beaucoup rire tous les trois. Elle me dit : « pour vous apprendre à vous moquer de moi, faites-en tout de suite. Je n'en essayerai plus : m'en voilà dégoûtée pour la vie. – C'est bien fait, dit Fitzherbert ; vous auriez dû vous en tenir aux deux que vous avez faits sur le tombeau d'une de vos chiennes : ci-gît la duchesse Anderson, qui mordit Monsieur Rogerson. » On me donna des bouts-rimés avec ordre de les expédier bien vite ; et voici comme je les remplis en m'adressant à l'impératrice : à la règle des vers, aux lois de l'harmonie, abaissez, soumettez la force du génie. En vain il fait trembler l'ennemi de l'état, en vain à votre empire il donne tant d'éclat. Recherchez en rimant une paisible gloire, c'est un chemin de plus au temple de mémoire. Cela lui revint dans la tête à Barczisarai. « Ah ! Messieurs, nous dit-elle, je m'en vais m'enfermer chez moi ; et vous verrez. » Voici ce qu'elle nous rapporta ; elle ne put pas aller plus loin : Sur le sopha du khan, sur des coussins bourrés, Dans un kiosque d'or, de grilles entourés... Vous vous doutez bien que nous l'avons accablée de reproches de n'avoir pas pu sortir de là, après quatre heures de réflexions et un si beau commencement : car on ne se passe rien en voyage. Ce pays-ci est assurément un pays de roman ; mais il n'est pas romanesque, car les femmes y sont enfermées par ces vilains mahométans, qui ne connoissent pas la chanson de Ségur sur le bonheur d'être trompé par sa femme. La duchesse De L. me feroit tourner la tête si elle étoit à Achmeczet ; et je ferois une chanson pour la maréchale De M., si elle habitoit Balaklava. Il n'y a que vous, chère marquise, qu'on puisse adorer au milieu de Paris : adorer est le mot, car on n'y a pas le temps d'aimer. Il y a ici plusieurs sectes de dervis plus plaisantes les unes que les autres, les tourneurs et les hurleurs : ce sont des jansénistes, plus fous encore que les anciens convulsionnaires ; ils crient Allah, jusqu'à ce que, épuisés de forces, ils tombent à terre dans l'espérance de ne s'en relever que pour entrer dans le ciel. Je laissai là, pour quelques jours, la cour dans les plaisirs, et montai et descendis le Tczetterdan, au risque de la vie, en suivant le lit raboteux des torrens au lieu de chemins que je n'ai pas trouvés. J'avois besoin de reposer mon esprit, ma langue, mes oreilles et mes yeux de l'éclat des illuminations ; elles luttent pendant la nuit avec le soleil, qui n'est que trop sur notre tête tout le jour. Il n'y a que vous, chère marquise, qui sachiez être brillante sans fatiguer ; je n'accorde ce don à personne autre qu'à vous, pas même aux astres.

Lettre V

De Parthenizza.

C'est sur la rive argentée de la mer Noire ; c'est au bord du plus large des ruisseaux, où se jettent tous les torrens du Tczetterdan ; c'est à l'ombre des deux plus gros noyers qui existent, et qui sont aussi anciens que le monde ; c'est au pied du rocher où l'on voit encore une colonne, triste reste du temple de Diane si fameux par le sacrifice d'Iphigénie ; c'est à la gauche du rocher d'où Thoas précipitoit les étrangers ; c'est enfin dans le plus beau lieu et le plus intéressant du monde entier que j'écris ceci. Je suis sur des carreaux et un tapis turc, entouré de Tartares qui me regardent écrire et lèvent les yeux d'admiration, comme si j'étois un autre Mahomet. Je découvre les bords fortunés de l'antique Idalie et les côtes de l'Anatolie ; les figuiers, les palmiers, les oliviers, les cerisiers, les abricotiers, les pêchers en fleur, répandent le plus doux parfum et me dérobent les rayons du soleil ; les vagues de la mer roulent à mes pieds des cailloux de diamans. J'aperçois derrière moi, au travers des feuillages, les habitations en amphithéâtre de mes espèces de sauvages fumant sur leurs toits plats qui leur servent de salon de compagnie ; j'aperçois leur cimetière, qui, par l'emplacement que choisissent toujours les musulmans, donne une idée des champs-élysées. Ce cimetière-ci est au bord du ruisseau dont j'ai parlé ; mais, à l'endroit où les cailloux arrêtent le plus sa course, ce ruisseau s'élargit un peu à mi-côte, et coule ensuite paisiblement au milieu des arbres fruitiers, qui prêtent aux morts une ombre hospitalière. Leur tranquille séjour est marqué par des pierres couronnées de turbans dont quelques-uns sont dorés, et par des espèces d'urnes cinéraires en marbre, mais grossièrement construites. La variété de tous ces genres de spectacles qui donnent à penser me dégoûte d'écrire ; je m'étends sur mes carreaux, et je réfléchis. Non, tout ce qui se passe dans mon âme ne peut se concevoir ; je me sens un nouvel être. Echappé aux grandeurs, au tumulte des fêtes, à la fatigue des plaisirs et aux deux majestés impériales de l'Occident et du Nord, que j'ai laissées de l'autre côté des montagnes, je jouis enfin de moi-même. Je me demande où je suis, et par quel hasard je me trouve ici ; et, sans m'en douter, je fais une récapitulation de toutes les inconséquences de ma vie. Je m'aperçois que, ne pouvant être heureux que par la tranquillité et l'indépendance, qui sont en mon pouvoir, et porté à la paresse du corps et de l'esprit, j'agite l'un sans cesse par des guerres, ou des inspections de troupes, ou des voyages, et que je dépense l'autre pour des gens qui souvent n'en valent pas la peine. Assez gai pour moi, il faut que je me fatigue à l'être pour ceux qui ne le sont pas. Si je suis un instant occupé de cent choses qui me passent par la tête dans une minute, ils me disent : vous êtes triste, c'est de quoi le devenir ; ou bien : vous vous ennuyez, c'est de quoi me rendre ennuyeux. Je me demande pourquoi, n'aimant ni la gêne, ni les honneurs, ni l'argent, ni les faveurs ; étant tout ce qu'il faut pour n'en faire aucun cas, j'ai passé ma vie à la cour dans tous les pays de l'Europe. Je me rappelle que des espèces de bontés paternelles de l'empereur François Ier, qui aimoit les jeunes gens bien étourdis, m'avoient d'abord attaché à lui ; qu'aimé ensuite d'une de ses amies, cela m'avoit longtemps fixé à sa cour : car, après avoir perdu, comme de raison, les bontés de cette charmante femme, celles de notre souverain me demeurèrent. A sa mort je me croyois, quoique très jeune, un seigneur de la vieille cour, et j'étois déjà prêt à critiquer la nouvelle, sans la connoître, lorsque je m'aperçus que le nouvel empereur savoit aussi être aimable et avoir des qualités qui font qu'on cherche plutôt son estime que sa faveur ! Certain qu'il n'aimoit pas à marquer de préférences, je pus me livrer à mon penchant pour sa personne, et, tout en blâmant la trop grande rapidité de ses opérations, j'en admirai plus des trois quarts, et je louerai toujours les bonnes intentions d'un génie aussi actif que fécond. Envoyé à la cour de France dans l'âge le plus brillant et dans l'occasion la plus brillante, avec la nouvelle d'une bataille gagnée, je ne voulois plus y retourner. Le hasard fait arriver M. le comte d'Artois dans une garnison voisine de celle où j'inspectois des troupes. J'y vais avec une trentaine de mes officiers autrichiens bien tournés : il nous regarde, m'appelle, et, commençant en frère de roi, il finit comme s'il étoit le mien ; on boit, on joue, on rit : libre pour la première fois, il ne savoit comment profiter de cette liberté. Ce premier jet de la gaieté et de la pétulance de la jeunesse me charme. Sa franchise et son bon cœur, qui paroissent toujours dans tout, me séduisent. Il veut que j'aille le voir à Versailles. Je lui dis que je le verrai à Paris, lorsqu'il y viendra ; il insiste, parle de moi à la reine, qui m'ordonne de venir. Les charmes de sa figure et de son âme, aussi belles et aussi blanches l'une que l'autre, et l'attrait de la société m'y font passer tous les ans cinq mois de suite, sans m'éloigner presque un moment. Le goût pour le plaisir me conduit à Versailles ; la reconnoissance m'y ramène. Le prince Henri parcourt des champs de bataille. La philosophie et l'instruction militaire nous rapprochent, je l'accompagne ; j'ai le bonheur de lui convenir. Bontés de sa part, empressement de la mienne, grande correspondance et rendez-vous à Spa et à Reinsberg. Un camp de l'empereur en Moravie attire le roi de Prusse d'alors et celui d'aujourd'hui. Le premier s'aperçoit de mon adoration pour les grands hommes, et m'attire à Berlin. Des relations avec lui et des marques d'estime et de bonté de la part du premier des héros me comblent de gloire. Son neveu, le prince royal d'alors, vient à Strasbourg. Quelques petites commissions d'amour, de confiance, d'argent et d'amitié pour une femme qu'il aimoit, nous avoient liés de loin ; et dans un pays si éloigné, malgré la différence des intérêts, des services et du rang, les étrangers se rapprochent. J'échappe aux tendres sentimens de deux autres rois du Nord. La petite tête de l'un dérange bientôt tout à fait la tête trop vive de l'autre, et me sauve des fadeurs sans fin qu'on me promettoit dans le voyage que je devois faire à Copenhague et à Stockholm. J'en suis quitte pour donner des fêtes à l'un des rois, et pour en recevoir de l'autre. Mon fils Charles épouse une jolie petite polonoise. Sa famille nous donne du papier au lieu d'argent comptant : c'étoient des prétentions sur la cour de Russie. Je me fais, on me fait polonois en passant. Un fou d'évêque, pendu depuis ce temps-là, oncle de ma belle-fille, s'imagine que j'ai été tout au mieux avec l'impératrice de Russie parce qu'il apprend qu'elle m'a traité à merveille, et se persuade que je serai roi de Pologne, si j'ai l'indigénat. « Quel changement, dit-il, dans la face des affaires de l'Europe ! Quel bonheur pour les Ligne et les Massalski ! » Je me moque de lui ; mais il me prend envie de plaire à la nation, rassemblée pour une diète ; la nation m'applaudit. Je parle latin ; j'embrasse et caresse les moustaches. J'intrigue pour le roi de Pologne, qui est lui-même un intrigant, comme tous les rois qui ne restent sur le trône qu'à condition de faire la volonté de leurs voisins ou de leurs sujets. Il est bon, aimable, attirant ; je lui donne des conseils, me voilà tout à fait lié avec lui. J'arrive en Russie : la première chose que j'y fais, c'est d'oublier le sujet de mon voyage, parce qu'il me paroît peu délicat de profiter de la grâce avec laquelle on me reçoit chaque jour pour obtenir des grâces. La simplicité confiante et séduisante de Catherine Le Grand me captive ; et c'est son génie qui m'a conduit dans ce séjour enchanté. Je le parcours des yeux ; je laisse reposer mon esprit, qui vient de me prouver que je n'avois point de tête, en me retraçant l'enchaînement de circonstances qui m'ont toujours fait faire ce que je ne voulois pas. La nuit sera délicieuse. La mer, fatiguée du mouvement qu'elle s'est donné pendant le jour, est si calme qu'elle ressemble à un grand miroir, dans lequel je me vois jusqu'au fond de mon cœur. La soirée est admirable ; et j'éprouve dans mes idées la même clarté qui règne sur le ciel et sur l'onde. Pourquoi, me dis-je à moi-même, suis-je occupé à méditer sur les beautés de la nature plutôt que d'en jouir dans le doux repos dont je suis idolâtre ? c'est que je m'imagine que ce lieu-ci m'inspirera, et qu'au milieu de tant d'extravagances il me viendra peut-être une pensée qui fera du bien ou du plaisir à quelqu'un. C'est peut-être ici qu'Ovide écrivoit ; peut-être il étoit assis où je suis. Ses élégies sont de Ponte ; voilà le pont-Euxin : ceci a appartenu à Mithridate, roi de Pont ; et, comme le lieu de l'exil d'Ovide est assez incertain, j'ai plus de droit à croire que c'est ici qu'à Carantschebes, ainsi que le prétendent les Transylvains. Leur titre à cette prétention c'est : *icara mia sedes*, dont ils s'imaginent que la prononciation corrompue a fait le nom que je viens de citer. Oui, c'est Parthenizza, dont l'accent tartare a changé le nom grec, qui était Parthenion, et vouloit dire vierge ; c'est ce fameux cap Parthénion où il s'est passé tant de choses : c'est ici que la mythologie exaltoit l'imagination. Tous les talens au service des dieux de la fable exerçoient ici leur empire. Veux-je un instant quitter la fable pour l'histoire, je découvre Eupatoria, fondée par Mithridate ; je ramasse ici près, dans ce vieux Cherson, des débris de colonnes d'albâtre ; je rencontre des restes d'aqueducs et des murs qui me présentent une enceinte aussi grande à la fois que Londres et Paris. Ces deux villes passeront comme celles-là. Il y avoit les mêmes intrigues d'amour et de politique ; chacun croyoit y faire une grande sensation dans le monde ; et le nom même des pays, défiguré par celui de Tartarie et de Crimée, est tombé dans l'oubli : belle réflexion pour messieurs les importans ! Et en me retournant j'approuve la paresse de mes bons musulmans, assis, les bras et les pieds croisés, sur leurs toits. Je trouve parmi eux un Albanois qui sait un peu d'italien ; je lui dis de leur demander s'ils sont heureux, ou si je puis leur être utile, et s'ils savent que l'impératrice me les a donnés. Ils me font dire qu'ils savent, en général, qu'on les a partagés, et qu'ils ne comprennent pas trop ce que cela veut dire ; qu'ils sont heureux jusqu'à présent ; que, s'ils cessent de l'être, ils s'embarqueront sur les deux navires qu'ils ont construits eux-mêmes, et qu'ils se réfugieront chez les Turcs, dans la Romanie. Je leur fais dire que j'aime les paresseux, mais que je veux savoir de quoi ils vivent. Ils me montrent quelques moutons couchés sur l'herbe ainsi que moi : je bénis les paresseux. Ils me montrent leurs arbres à fruit, et me font dire que, lorsque la saison de les cueillir est arrivée, le kaimakan vient de Barczisarai pour en prendre la moitié : chaque famille en vend pour deux cents francs par an ; et il y a quarante-six familles tant à Parthenizza qu'à Nikita, autre petite terre qui m'appartient, et dont le nom grec signifie victoire. Je bénis les paresseux. Je leur promets d'empêcher qu'on ne les tourmente. Ils m'apportent du beurre, du fromage et du lait, qui n'est point du tout de leurs jumens, comme chez les tartares. Je bénis les paresseux, et je retombe dans mes réflexions. Encore une fois, que fais-je donc ici ? Suis-je prisonnier turc ? Suis-je jeté sur cette côte par un naufrage ? Suis-je exilé comme Ovide ? Le suis-je par quelque cour ou par mes passions ? Je cherche et je me dis : « Point du tout. » Après mes enfans et deux ou trois femmes que j'aime, ou crois aimer à la folie, mes jardins sont ce qui me fait le plus de plaisir au monde ; il y en a peu d'aussi beaux. Je me plais à y travailler pour les embellir encore. Je n'y suis presque jamais. Je n'y ai jamais été dans la saison des fleurs, lorsque les petites forêts d'arbustes précieux parfument l'air. Je suis à deux mille lieues de tout cela. Possesseur de terres sur les bords de l'océan, je me trouve dans mes terres sur le bord du pont-Euxin. Une lettre de l'impératrice m'arrive à huit cents lieues de distance. Elle se souvient de nos conversations sur les beaux temps de l'antiquité ; elle me propose de la suivre dans ce pays enchanteur, à qui elle a rendu le nom de Tauride, et, en faveur de mon goût pour les iphigénies, elle me donne l'emplacement du temple dont la fille d'Agamemnon étoit prêtresse. Oubliant enfin toutes les puissances de la terre, les trônes, les dominations, j'éprouvai tout d'un coup un de ces charmans anéantissemens que j'aime tant, lorsque l'esprit se repose tout à fait, lorsque l'on sait à peine qu'on existe. Que fait l'âme alors ? Je n'en sais rien, mais ce qu'il y a de sûr au moins, c'est que son activité est suspendue, et qu'elle a la jouissance et le sentiment de son repos. Ensuite je fais des projets. Blasé presque sur tout ce qui est connu, pourquoi ne pas me fixer ici ? Je convertirai ces tartares musulmans en leur faisant boire du vin, et donnant à ma demeure l'air d'un palais, qui sera vu de loin par les navigateurs ; je bâtirai huit maisons de vignerons avec des colonnes et une balustrade qui en cachera les toits. Je dessine aussitôt ce qui auroit été exécuté incessamment sans la guerre à laquelle notre voyage de fête donna lieu. « Quel dommage, me dis-je alors, que la superstition de la religion grecque ait détruit ces beaux restes du culte des dieux si favorables à l'imagination ! Ces beaux lieux, néanmoins, réjouissent encore la vue par les blancs minarets, les longues et minces cheminées en forme d'aiguilles, et l'espèce d'architecture orientale qui donne son joli style même aux plus petites cabanes. » Mes réflexions, qui me retracent les ravages du temps, me font aussi penser à mes propres pertes. Je trouve que rien ici-bas ne demeure dans une stagnation parfaite, et que, dès qu'un empire ne s'élève plus, il diminue ; de même que le jour qu'on n'aime pas davantage on aime moins. Aimer ! Quel mot ai-je prononcé ? Je fonds en larmes sans savoir pourquoi ; mais que ces larmes sont douces ! c'est un attendrissement général ; c'est un épanchement de sensibilité, sans en pouvoir fixer l'objet. Dans ce moment, où tant d'idées se croisent à la fois, je pleure sans être malheureux : « Mais, hélas ! Me dis-je, en m'adressant à quelques personnes auxquelles je pense souvent, peut-être suis-je triste, peut-être l'êtes-vous aussi d'être séparées de moi par des mers, par des déserts, des remords, des parens, des importuns et des préjugés. Peut-être suis-je triste pour vous, qui m'avez aimé sans me le dire, et que j'ai quittées faute de le deviner. Peut-être le suis-je pour vous, esclaves superstitieuses de tant de devoirs. l'amour des vers et des champs, nos lectures, nos promenades, mille rapports secrets, nous avoient réunis sans nous en douter. » Mes larmes ne tarissent pas. Est-ce le pressentiment de quelque perte déchirante que je dois éprouver un jour ? J'éloigne cette idée affreuse ; je prie Dieu, et je me dis : « Cette mélancolie vague, telle qu'on la ressent dans la jeunesse, m'annonce peut-être un objet céleste, digne enfin de mon culte, et qui fixera pour toujours ma carrière. » Il me semble que l'avenir avoit envie de se dévoiler à moi. L'exaltation et l'enthousiasme tiennent de si près au pouvoir de rendre des oracles ! Ainsi se peignoit dans ma mémoire le tableau de mes amours passés, présens et futurs. Hélas ! Que ne puis-je de même me retracer les souvenirs de l'amitié ! J'ai des amis plus qu'un autre, parce que, n'ayant des prétentions à rien dans aucun genre, mon histoire n'a rien d'extraordinaire, ni mon mérite rien d'alarmant. Je rencontre partout de ces amis de société avec qui l'on soupe et l'on joue toute la journée ; mais en ai-je trouvé qui se soit assez occupé de moi pour que je lui aie de l'obligation ? Je meurs d'envie d'en avoir aux autres ; ils m'en ont eu quelquefois, et, quoiqu'ils l'aient peu senti, j'ai encore le plaisir de faire de temps en temps des ingrats. La peur de l'être moi-même me fait préférer souvent l'excès contraire, et un peu de duperie dans ce genre me paroît pardonnable. Sans pleurer sur l'humanité, sans aimer ni haïr trop les hommes, puisque haïr est fatigant, je ne suis pas plus content d'eux que je ne le suis de moi. Mais, en m'examinant, je ne me trouve qu'une bonne qualité : c'est d'être bien aise du bien qui arrive aux autres. Je juge le monde et le considère comme les ombres chinoises, en attendant le moment où la faux du temps me fera disparoître. Neuf ou dix campagnes que j'ai faites, une douzaine de batailles ou d'affaires que j'ai vues, viennent ensuite se présenter à moi comme un songe. Je pense au néant de la gloire, qu'on ignore, qu'on oublie, qu'on envie, qu'on attaque et qu'on révoque en doute ; et une partie de ma vie pourtant, me dis-je à moi-même, s'est passée à chercher à la perdre, cette vie, en courant après cette gloire. Je n'attaque pas ma valeur, elle est peut-être assez brillante ; mais je ne la trouve pas assez pure : il y entre de la charlatanerie. Je travaille trop pour la galerie. J'aime mieux la valeur de mon cher bon Charles, qui ne regarde pas si on le regarde. Je m'examine encore. Je me trouve une vingtaine de défauts ; ensuite je pense au néant de l'ambition. La mort m'a enlevé ou m'enlèvera bientôt la faveur de quelques grands hommes de guerre et de quelques grands souverains. Le caprice, l'inconstance, la méchanceté, me feront perdre mes espérances. L'intrigue, m'éloignant de tout, me fera oublier des soldats qui avec quelque plaisir pourroient entendre encor la voix de leur vizir. Sans regret pour le passé ni crainte pour l'avenir, je laisse aller mon existence au courant de ma destinée. Après m'être bien moqué de mon peu de mérite et de mes aventures de cour et d'armée, je m'applaudis de n'être pas encore pire ; je me félicitai surtout du grand talent de tirer parti de tout pour mon bonheur. Je me jugeois, je me voyois aussi tel que je suis dans cette vaste mer, qui réfléchissoit mon âme comme une glace réfléchit les traits du visage. Déjà les voiles de la nuit commencent à obscurcir le jour ; le soleil est attendu sur l'horizon de l'autre hémisphère. Les moutons qui paissent auprès de mon tapis de Turquie appellent les Tartares, qui descendent gravement de leur toit pour les enfermer à côté de leurs femmes, qu'ils ont tenues cachées tout le long du jour. Les crieurs appellent à la mosquée du haut de leurs minarets. Je cherche de la main gauche la barbe que je n'ai pas ; j'appuie ma main droite sur mon sein, je bénis les paresseux, et je prends congé d'eux, en les laissant aussi étonnés de me voir leur maître que d'apprendre que je voulois qu'ils fussent toujours le leur. Je recueille mes esprits, qui avoient été si épars ; je rassemble au hasard mes pensées incohérentes. Je regarde autour de moi avec attendrissement ces beaux lieux, que je ne reverrai jamais et qui m'ont fait passer la journée la plus délicieuse de ma vie. Un vent frais, qui s'éleva tout d'un coup, me dégoûta de la chaloupe qui devoit me mener par mer à Théodosie ; je monte sur un cheval tartare, et, précédé de mon guide, je me replonge dans les horreurs de la nuit, des chemins, des torrens, pour repasser les fameuses montagnes, et retrouver, au bout de quarante-huit heures, leurs majestés impériales à Carassbazar.

Lettre VI

De Carassbazar.

J'ai quitté la méditation et je rentre dans la vie active. J'ai trouvé en arrivant de nouveaux sujets d'admiration ; mais, avant de vous en parler, madame la marquise, que je vous dise un mot sur la fidélité. Ne vous alarmez pas de ce mot : cela ne regarde ni vous ni moi ; il s'agit d'un Tartare barbare à qui j'ai été confié malgré la mauvaise réputation et l'air sauvage de ces gens-là : il m'auroit peut-être volé ou rossé s'il m'avoit rencontré ; mais, comme je m'étois remis entre ses mains, il auroit sacrifié sa vie pour me défendre. Je lui ai échappé un instant pour aller graver sur un rocher, à trente pas dans la mer, un nom cher à mon cœur ; il m'a cherché partout, et, me croyant massacré, il étoit prêt à mettre le feu au village voisin, en attendant qu'il sût positivement ce que j'étois devenu. Comme je revenois sous la conduite de mon connétable, j'ai cru me tromper en voyant une maison au milieu de déserts odoriférans, mais plats et verts comme un billard. J'ai bien cru me tromper davantage en la trouvant blanche, propre, entourée d'un terrain cultivé, dont la moitié étoit un verger, et l'autre moitié un potager que traversoit le plus pur et le plus rapide des ruisseaux ; mais j'ai été bien plus surpris encore d'en voir sortir deux figures célestes habillées en blanc, qui m'ont proposé de m'asseoir à une table couverte de fleurs sur laquelle il y avoit du beurre et de la crème. Je me rappelai les déjeuners des romans anglois. C'étoient les filles d'un riche fermier que le ministre de Russie à Londres avoit envoyées au prince Potemkin pour faire des essais d'agriculture en Tauride. J'en reviens aux admirations et aux merveilles. Nous avons trouvé des ports, des armées et des flottes dans l'état le plus brillant. Cherson et Sébastopol surpassent tout ce qu'on peut en dire. Chaque jour est marqué par quelque grand événement : tantôt une nuée de cosaques des rives du Tanaïs manœuvrent autour de nous à leur manière ; tantôt les Tartares de la Crimée, infidèles jadis à leur khan Sélim-Gheray parce qu'il voulut les enrégimenter, forment d'eux-mêmes des corps, pour venir au-devant de l'impératrice. On a traversé pendant plusieurs jours des espaces immenses de déserts, d'où sa majesté a chassé les Tartares zaporogues, budjacks et nogays, qui, il y a dix ans, menaçoient ou ravageoient l'empire. Ces lieux étoient ornés de tentes magnifiques pour les déjeuners, goûters, soupers, dîners et couchers ; et ces campemens, décorés avec une pompe asiatique, présentoient le spectacle le plus militaire. Ces mêmes déserts seront bientôt transformés en champs, en bois et en villages ; ils sont déjà l'habitation de plusieurs régimens, et ils deviendront bientôt celle de paysans qui s'y établiront à cause de la bonté du terrain. L'impératrice a laissé dans chaque ville de gouvernement pour plus de cent mille roubles de présens. Chaque jour de repos étoit marqué par le don de quelques diamans ; des bals, des feux d'artifice et des illuminations, à dix lieues à la ronde. d'abord des forêts en feu paroissent sur les montagnes, puis des buissons ardens se rapprochant de nous deviennent des bûchers immenses. Encore une petite remarque sur tant de pays que nous parcourons. Les sujets de cet empire, qu'on a la bonté de plaindre si souvent, ne se soucieroient pas de vos états généraux ; ils prieroient les philosophes de ne pas les éclairer, et les grands seigneurs de ne pas leur permettre de chasser sur leurs terres. Malgré la chicane qu'ils font au saint-esprit, ils n'en sont pas maltraités, et sont plus fins qu'on ne pense : ils ont besoin de baiser la main de leurs popes et de se prosterner devant la souveraine pour être soumis. Du reste, ils ne sont esclaves que pour ne pas se faire du mal, ni à eux ni aux autres ; mais ils sont libres de s'enrichir, ce qu'ils font souvent, comme on peut le voir par la magnificence des différens costumes des provinces. l'impératrice, qui ne craint pas de passer pour être gouvernée, donne à ceux qu'elle emploie toute l'autorité et la confiance possibles : il n'y a que pour faire du mal qu'elle ne donne d'autorité à personne. Elle se justifie de sa magnificence en disant que de donner de l'argent lui en rapporte beaucoup, et que son devoir est de récompenser et d'encourager. Elle se justifie d'avoir créé un grand nombre d'emplois dans ses provinces, parce que cela fait circuler les espèces, élève des fortunes, et oblige des gentilshommes à demeurer dans leurs terres plutôt qu'à Pétersbourg ou à Moscou. Si elle a bâti en pierre deux cent trente-sept villes, c'est, dit-elle, parce que tous les villages de bois, brûlés si souvent, lui coûtoient beaucoup. Si elle a créé une flotte superbe dans la mer noire, c'est parce que Pierre Ier aimoit la marine. Elle a toujours quelque excuse de modestie pour toutes les grandes choses qu'elle fait. On n'a pas d'idée du plaisir qu'il y a à la suivre. Adieu, chère marquise. J'entends déjà des millions d'Allah ! que font retentir vers l'orient nos bons musulmans, pour notre heureux voyage. On apprend à hurler avec les mahométans ; et je me surprends quelquefois à invoquer Mahomet tout comme un autre. Puisse-t-il verser sur votre joli visage la rosée de ses bénédictions, pour qu'il soit toujours aussi frais que la fleur du matin !

Lettre VII

De Caffa, ou l'ancienne Théodosie.

Le charme dure encore, mais il est prêt à finir. Voici une grande ville remarquable par ses mosquées, ses bains, ses anciens temples, ses anciens magasins de commerce, son port, et enfin par tous les restes d'une grandeur qui va se renouveler. Je suis entré dans plusieurs cafés et plusieurs boutiques. J'ai vu ici des étrangers des pays les plus éloignés : des Grecs, des Turcs d'Asie, des manufacturiers d'armes de Perse et du Caucase. Il n'y a de civil, me suis-je dit en les voyant, que les gens qui ne sont pas civilisés. On se fait ici une mine douce et plus ou moins respectueuse en s'abordant. La langue est noble comme le grec ou l'espagnol : elle n'a ni le sifflement, ni la grossièreté, ni le traînant, ni le chanté, ni l'ignoble des langues de l'Europe. Un Tartare seroit bien étonné, en arrivant dans la ville de l'urbanité et de la grâce par excellence, d'entendre sur le boulevard un cocher parler à ses chevaux, ou, sur la place Maubert, une dame de la halle causer avec sa voisine. Quelle comparaison aussi entre l'insolence, l'avarice et la saleté des nations de l'Europe, et la bonhomie et la propreté de celle-ci ! Rien ne s'y fait sans être précédé et suivi de libations. La libation dont les barbiers de cheveux régalent leurs patiens est un peu extraordinaire : ils prennent une tête entre leurs genoux, et font couler sur cette tête une de leurs fontaines. Je n'ai aperçu qu'une seule femme : c'est une princesse du sang, la nièce du dernier sultan Sélim-Gheray. L'impératrice, devant qui elle se dévoila, m'a fait cacher derrière un écran : elle étoit belle comme le jour, et avoit plus de diamans que toutes nos femmes de Vienne ensemble, et c'est beaucoup dire. Je n'ai vu, du reste, en fait de visages, que ceux d'un bataillon d'Albanoises d'une petite colonie macédonienne établie à Balaclava : deux cents jolies femmes ou filles, avec des fusils, des baïonnettes et des lances, avec des seins d'amazone, et des cheveux longs et tressés avec grâce, étoient venues à notre rencontre pour nous faire honneur, mais point par curiosité. Il n'y a point de badauds dans ce pays-ci : la badauderie appartient, ainsi que l'impertinence et la flatterie, à la civilisation. On n'a ni couru après nous ni fui notre présence ; on nous regardoit avec indifférence, sans dédain, et même avec une sorte de bienveillance, lorsque nous nous arrêtions pour faire quelque question. Si les moines ne commençoient pas à être persécutés à force de tolérance dans les pays philosophes, je dirois que, Dieu merci, il n'y a point ici de mendians ni de capucins. La plus mauvaise couchette du plus pauvre des Tartares, dont aucun ne demande et n'a besoin de charité, est un assez beau tapis turc, avec des coussins, étendu sur une planche bien large. La nouvelle population de ce superbe amphithéâtre sur les bords de la mer Noire sera fort heureuse ; et l'ancienne, qui habitoit les environs des lacs salés, étoit sans cesse exposée à la peste. Si l'ennui, qui gagne insensiblement la société par les gens d'esprit et les femmes de bien qui s'y introduisent, si cet ennui devient trop fort à Paris, même dans votre salon, sauvez-vous ici, chère marquise ; je vous recevrai bien mieux que mon prédécesseur Thoas.

Lettre VIII

De Toula.

Hélas ! Voilà que nous revenons. Savez-vous que j'ai été au moment de vous aimer, même de l'Asie, et de vous l'écrire d'Azoph ! Une maudite prudence, des médecins et des ministres, quoique l'impératrice ne croie ni aux uns ni aux autres, nous ont empêchés de sortir de l'Europe, si tant est que l'on puisse appeler ainsi ce que nous avons vu, et ce qui lui ressemble si peu. Je sais qu'il n'est pas à la mode de croire ni les voyageurs, ni les courtisans, ni le bien qu'on dit de la Russie. Ceux même d'entre les Russes qui sont fâchés de n'avoir pas été avec nous prétendront qu'on nous a trompés et que nous trompons. On a déjà répandu le conte ridicule qu'on faisoit transporter sur notre route des villages de carton de cent lieues à la ronde ; que les vaisseaux et les canons étoient en peinture, la cavalerie sans chevaux, etc. Voilà deux mois que je jette l'argent par les fenêtres ; cela m'est déjà arrivé, mais pas de cette manière-ci ; ce sont des millions que j'ai peut-être déjà distribués : voici comme cela se fait. A côté de moi, en voiture, il y a un grand sac vert, comme celui où vous mettrez vos livres de prières quand vous serez dévote. Ce sac est rempli d'impériales, pièces de quatre ducats. Les habitans des villages voisins, et même de dix, quinze et vingt lieues, viennent sur notre passage pour voir l'impératrice. Voici comme ils s'y prennent : un bon quart d'heure avant qu'elle arrive, ils se couchent ventre à terre, et ne se relèvent qu'un quart d'heure après que nous avons passé ; ce sont ces dos et ces têtes baisant la terre que j'écrase d'or au grand galop ; et cela arrive dix fois par jour. Je sais très bien ce qui est escamotage : par exemple, l'impératrice, qui ne peut pas courir à pied comme nous, doit croire que quelques villes, pour lesquelles elle a donné de l'argent, sont achevées ; tandis qu'il y a souvent des villes sans rues, des rues sans maisons et des maisons sans toit, portes ni fenêtres. On ne montre à l'impératrice que les boutiques bien bâties en pierres, et les colonnades des palais des gouverneurs généraux, à quarante-deux desquels elle a fait présent d'une vaisselle d'argent de cent couverts. On nous donne souvent, dans les capitales des provinces, des soupers et des bals de deux cents personnes. Les fourrures, les chaînes d'or des femmes de marchands et les espèces de bonnets de grenadiers ornés de perles annoncent la richesse. C'est un fort beau coup d'œil, dans ces salles immenses, que les costumes des gentilshommes et de leurs femmes. Les gouvernemens d'orient portent le brun, l'or et l'argent ; les autres, le rouge et le bleu céleste. Il y a ici une des plus belles fabriques d'armes qu'on puisse voir ; outre cela, on y travaille l'acier presque aussi bien qu'en Angleterre. Je suis couvert de présens dont je ne sais que faire. L'impératrice achète tout ce qu'il y a, pour le donner et encourager en même temps la manufacture. J'ai un tabouret, un parapluie, une table, une canne, un nécessaire damasquiné ; tout cela m'est fort utile, comme vous sentez bien, et commode à emporter. « Voyez, me disoit quelquefois l'impératrice, en me montrant, dans les gouvernemens de Karskoff et de Kursk, les champs aussi bien cultivés qu'en Angleterre et une population presque aussi nombreuse ; voyez si l'abbé Chappe, qui ne voyoit rien à travers ses glaces de bois fermées à cause du froid, n'a pas eu tort de prétendre qu'il n'y a que des déserts en Russie. Je ne garantis pas que quelque seigneur de village, abusant de son pouvoir, ce qui peut arriver de même partout, n'ait pas fait quelquefois pousser des cris de joie le fouet à la main, pour étouffer des cris de misère. Mais, dès que ces seigneurs sont accusés par les gouverneurs des provinces, on les punit, et sûrement les hourra que nous avons entendus sur notre route étoient hurlés de bon cœur et avec des visages très rians. » Comme dans plusieurs courses j'ai quitté l'impératrice, j'ai trouvé bien des choses que les Russes ne connoissent pas : des établissemens superbes commencés, des manufactures, des villages bâtis en rues bien alignées, entouré'arbres et traversés par des ruisseaux. Tout ce que je vous dis est vrai : d'abord parce que je ne mens jamais qu'aux femmes qui ne vous ressemblent pas, ensuite parce que personne ici ne lit mes lettres ; et puis l'on ne flatte pas les gens qu'on voit depuis six heures du matin jusqu'à dix heures du soir ; au contraire même, on a souvent, en voiture, de l'humeur les uns contre les autres. Je me souviens d'un jour qu'on parloit de courage ; l'impératrice me dit : « Si j'avois été homme, j'aurois été tué avant d'être capitaine. » je lui répondis : « Je n'en crois rien, madame, car je vis encore. » Je m'aperçus qu'après avoir été quelque temps à comprendre ce que je voulois dire, elle se mit à rire sous cape de ce que je la corrigeois, de croire qu'elle eût été plus brave que moi et tant d'autres. Une autre fois je disputois avec elle bien sérieusement sur la cour de France. Et, comme elle ajoutoit un peu foi à quelques brochures qui couroient les pays étrangers, je lui dis presque avec aigreur : « Madame, on ment au nord sur l'occident, comme à l'occident sur le nord ; il ne faut pas plus croire les porteurs de chaise de Versailles que les iswaschick de Czarskoselo. » Nous regardons le reste du voyage comme une bagatelle : car nous n'avons malheureusement plus que quatre cents lieues à faire. Il nous a toujours fallu six cents chevaux à chaque relais ; toutes nos voitures sont pleines de pêches et d'oranges ; nos valets sont ivres de vin de Champagne, et je meurs de faim : car tout est froid et détestable à la table de l'impératrice, qui n'y reste pas assez longtemps, et qui, pour dire quelque chose d'agréable ou d'utile, s'y met avec tant de lenteur que rien n'est chaud, excepté l'eau que l'on boit ; car l'agrément de ce pays-ci est que l'été y est plus brûlant qu'en Provence. En Crimée j'ai cru étouffer du souffle de brasier qu'on y respire. Un autre agrément de ce pays, c'est de n'avoir aucune nouvelle de votre petite Europe, à vous autres. Je ne crois pas que mes lettres vous arrivent ; je n'en recevrai plus de vous si, comme je l'espère, la guerre éclate l'un de ces jours avec les bons mahométans ; et il faudra se dépêcher de les battre pour vous aller voir bien vite, ma chère marquise, ou vous adorer, comme une divinité, sans vous voir.

Lettre IX

De Moscou.

En voici bien d'un autre. Cette ville, qui donne à certains égards quelque idée d'Ispahan, ressemble à quatre ou cinq cents châteaux de grands seigneurs qui seroient venus, avec leurs villages sur des roulettes, se réunir pour vivre ensemble. Cherchez dans les géographies, les dictionnaires et les voyages, tout ce qui regarde Moscou, et dites que je vous l'ai mandé ; mais ce que vous n'y trouverez pas, c'est que les plus grands seigneurs de l'empire, ennuyés de la cour, sont ici frondant et grondant tout à leur aise ; l'impératrice ne le sait qu'en gros, et ne veut pas le savoir en détail ; elle n'aime point la police pour les propos et l'espionnage de l'intérieur. « Que pensez-vous, me dit-elle, de ces messieurs ? – Ce sont de belles ruines, lui dis-je en regardant trois ou quatre anciens grands chambellans, généraux en chef, etc. – Ils ne m'aiment pas beaucoup, dit-elle ; je ne suis point à la mode à Moscou ; peut-être que j'ai eu tort vis-à-vis de quelques-uns d'entre eux, ou qu'il y a eu du malentendu. » L'impératrice n'étoit plus Cléopâtre à Alexandrie ; d'ailleurs César nous avoit quittés pour s'en retourner chez lui. Le roman disparut et fit place à la triste réalité. Alexis Orloff eut le courage d'apprendre à sa majesté impériale que la famine se montroit dans quelques gouvernemens : les fêtes s'arrêtèrent. La bienfaisance vint remplacer la magnificence, et le luxe céda à la nécessité. On ne jette plus d'argent, on le distribue. Les torrens de vin de Champagne s'arrêtent ; des milliers de chariots de pain succèdent aux bateaux chargés d'oranges. Un nuage a obscurci un instant le front auguste et serein de Catherine Le Grand : elle s'est enfermée avec deux de ses ministres, et n'a repris sa gaieté qu'au moment de remonter en voiture. Si vous connoissiez notre archevêque, vous l'aimeriez à la folie, et il vous le rendroit ; il s'appelle Platon, et vaut mieux que l'autre qu'on appeloit le divin : ce qui me prouve qu'il est Platon l'humain, c'est que hier, en sortant de son jardin, la princesse Galiczin lui demanda sa bénédiction, et il prit une rose avec laquelle il la lui donna. Si j'étois un La Rochefoucauld, un d'Albon, etc., je vous entretiendrois de la culture des terres et des finances de l'empire ; mais je n'ai pas l'honneur de m'y connoître. Oh ! Quant aux finances, j'y ai pourtant travaillé : car je crois qu'en sterlets du Volga, veau d'Arkhangel, fruits d'Astrakan, glaces, confitures et vins de Constance, j'ai dépensé à la couronne une somme immense. Demandez-en pardon à vos pédans ennemis des abus ; je suis un abus de ce pays-ci, et je m'en trouve bien, et les autres aussi. Nos abus des bonnes et vraies monarchies font du bien à beaucoup de monde ; et, si l'on vouloit les supprimer, vous verriez renaître des Pugatcheff. Que le ciel vous en préserve ! Il me semble que je vous verrai demain ou après-demain. Voilà plus de dix-huit cents lieues que je marche vers vous ; il n'y en a plus que douze cents pour arriver. Au plaisir de vous revoir donc bientôt, chère marquise, ou de vous écrire de Constantinople, si tout ceci continue à s'embrouiller. Je ne vous dis rien de l'état de mon cœur ; le vôtre est en loterie : j'y ai mis. Que sait-on ? Et puis encore, quand je n'y aurois pas mis, le hasard ne peut-il pas venir au-devant de moi ? Je crois en vérité que je donne dans le précieux ; ce n'est pourtant ni votre genre ni le mien. Ceci a l'air de la carte du pays de tendre ; mais nous nous perdrions tous les deux dans ce pays-là. Vive celui-ci, si nous y étions ensemble ! Il vaut mieux être Tartare que barbare, et c'est ce que vous êtes souvent pour votre cour. Souvenez-vous toujours de celui qui est le plus digne d'en être. J'aime mon état d'étranger partout : françois en Autriche, autrichien en France, l'un et l'autre en Russie, c'est le moyen de se plaire en tous lieux, et de n'être dépendant nulle part. Nous touchons au moment de quitter la fable pour l'histoire, et l'orient pour le nord. J'aurai toujours pour vous le midi dans mon cœur : que dites-vous de ce trait piquant ? Il a du moins, vous en conviendrez, le mérite du naturel.

Chronologie

Cf. : http://www.princechjdeligne.be/

3 mai 1735. Né à Bruxelles, Charles-Joseph de Ligne est baptisé en l'hôtel bruxellois de la famille. Fils de Claude Lamoral II, sixième prince de Ligne, et d'Elisabeth, princesse de Salm, l'enfant a pour parrain et marraine l'empereur Charles VI et son épouse.

27 décembre 1739. Le jeune garçon perd sa mère. Il sera élevé par son père et son oncle, le prince Ferdinand, et différents précepteurs.

1749. Au cours d'une réception offerte à Belœil au prince Charles de Lorraine, gouverneur général des Pays-Bas autrichiens, par son père, le jeune prince tient un rôle dans une allégorie dramatique.

1751. Premier voyage à Vienne. Présenté à l'impératrice Marie Thérèse et à son époux, le jeune homme est nommé chambellan de l'empereur.

1752. Charles-Joseph de Ligne est nommé enseigne dans le régiment de Ligne-Infanterie.

6 août 1755. Il épouse à Vienne Françoise Marie Xavière, princesse de Liechtenstein.

1757-1758. Activement engagé dans la guerre de Sept Ans, le jeune officier participe aux batailles de Kollin, Schweinitz, Breslau, Leuthen ; Olmütz, Hochkirch et Thiennendorf. Il tirera de ces événements un récit fort intéressant, *Mon journal de la guerre de Sept Ans*.

25 novembre 1759. Naissance de son fils aîné Charles-Antoine.

1759-1763. Suite de la guerre de Sept Ans. Bataille de Künersdorf : Charles-Joseph de Ligne est nommé colonel. Après la victoire autrichienne de Maxen, il est envoyé à Versailles pour annoncer officiellement ce succès à la Cour de France.

Juin 1763. Le prince de Ligne rend visite à Voltaire à Ferney. Il en tire *Mes conversations avec M. de Voltaire* et la matière de son succulent *Amabile*.

3 avril 1764. Il assiste au couronnement impérial de Joseph II.

7 avril 1766. Décès du prince Claude Lamoral II de Ligne. Charles Joseph devient chef de la Maison de Ligne et septième prince du nom.

7 mai 1766. Naissance de son fils cadet Louis.

1770. Le prince de Ligne écrit à Jean-Jacques Rousseau, lui rend visite à Paris et tire de cette entrevue *Mes conversations avec Jean-Jacques*.

1772. Il reçoit le collier de la Toison d'or.

29 juillet 1779. Mariage à Versailles de son fils Charles-Antoine et de la princesse Hélène Massalska.

1780. Premier voyage en Russie. Le prince de Ligne est présenté à la tsarine Catherine II.

1781. Publication du *Coup d'œil sur Belœil et les principaux jardins de l'Europe*.

1787. Invité par Catherine II le prince participe au fameux voyage de Tauride. Il reçoit de l'impératrice des terres à Nikita et Parthenizza près de Yalta. Ce voyage lui fait rédiger les pittoresques *Lettres à la marquise de Coigny*.

1787-1790. Révolte des Pays-Bas autrichiens contre Joseph II. Le prince de Ligne désapprouve l'événement mais ne dissimule pas son amour de la patrie.

20 mai 1791. Charles-Joseph de Ligne est nommé Grand-bailli et Capitaine-général du Hainaut. Il administre cette province au civil et au militaire au nom de l'empereur Léopold II.

14 septembre 1792. Le prince Charles-Antoine de Ligne est tué par un boulet français au cours de la campagne de l'Argonne. Son père en éprouve un indicible chagrin.

1794. Après la défaite autrichienne de Fleurus le prince quitte Belœil et les Pays-Bas. Il n'y reviendra jamais. Il fixe sa résidence à Vienne sur le Mölkerbastei.

1794-1814. Fréquents séjours estivaux aux eaux de Teplice en Bohème où réside sa fille Christine qui a épousé le prince Clary-Aldringen, seigneur des lieux.
Le prince écrit beaucoup, revoit ses copies anciennes et publie de 1797 à 1811 ses *Mélanges militaires, littéraires et sentimentaires* en 34 volumes chez les frères Walther à Dresde.

18 juin 1807. Il est nommé capitaine des trabans de la garde impériale.

Décembre 1807-mai 1808. Séjour à Vienne de Mme de Staël. Il prépare avec elle une anthologie de ses écrits.

7 octobre 1808. Le prince est nommé feld-maréchal. Il est exaspéré par les défaites successives de l'Autriche face à Napoléon.

Début 1809. Publication des *Lettres et pensées du feld-maréchal prince de Ligne*. L'élogieuse préface de Mme de Staël consacre ses talents d'écrivain.

1814-1815. Congrès de Vienne. Le prince de Ligne se multiplie dans les salons et est l'objet d'une notoriété sans pareille.

13 décembre 1814. Le prince de Ligne meurt à son domicile viennois. Il est inhumé dans le petit cimetière sur le Kahlenberg où il séjournait volontiers dans un petit ermitage. Il y repose en compagnie de son épouse Françoise de Liechtenstein (décédée en 1821) et de leur petite-fille Sidonie.

À propos de cette édition électronique

Texte libre de droits.

Corrections, édition, conversion informatique et publication par le groupe :

Ebooks libres et gratuits

http://fr.groups.yahoo.com/group/ebooksgratuits

Adresse du site web du groupe :
http://www.coolmicro.org/livres.php

——

18 novembre 2003

——

- Source :

Ce document est extrait de la base de données textuelles Frantext réalisée par l'Institut National de la Langue Française (INaLF). *Lettres du prince de Ligne à la Marquise de Coigny* [Document électronique] : pendant l'année 1787 / publ. par M. de Lescurel.
Diffusion BNF, Gallica : http://gallica.bnf.fr/textesListe.htm
Illustration :
http://www.wallacecollection.org/c/w_a/p_w_d/f/p/p599.htm

- Dispositions :

Les livres que nous mettons à votre disposition, sont des textes libres de droits, que vous pouvez utiliser librement, à une fin non commerciale et non professionnelle. Si vous désirez les faire paraître sur votre site, ils ne doivent pas être altérés en aucune sorte. **Tout lien vers notre site est bienvenu...**

- Qualité :